AF391355

VENTE DU LUNDI 26 FÉVRIER 1894

HOTEL DROUOT, SALLE N° 11

à deux heures et demie

OBJETS D'ART

ET

D'AMEUBLEMENT

Céramique, Objets variés

MEUBLES

TAPISSERIES

TABLEAUX ANCIENS ET MODERNES

Provenant en partie de la Collection de feu M. de B...

EXPOSITION PUBLIQUE

LE DIMANCHE 25 FÉVRIER 1894

DE 1 HEURE 1/2 A 5 HEURES 1/2

COMMISSAIRE-PRISEUR

Me PAUL CHEVALLIER

10, rue de la Grange-Batelière, 10

EXPERTS

Pour les Tableaux :

M. E. FÉRAL, peintre

54, Faubourg-Montmartre, 54

Pour les Objets d'art :

M. Charles MANNHEIM

7, rue Saint-Georges, 7

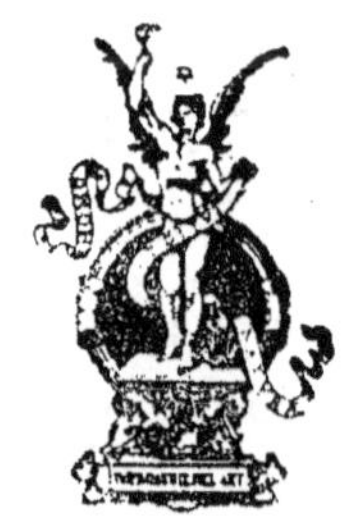

CONDITIONS DE LA VENTE

Elle sera faite au comptant.

Les Acquéreurs payeront CINQ POUR CENT en sus des adjudications.

L'exposition mettant le public à même de se rendre compte de l'état des objets, il ne sera admis aucune réclamation une fois l'adjudication prononcée.

Paris. — Imp. de l'Art. E. MOREAU et Cⁱᵉ, 41, rue de la Victoire.

DÉSIGNATION DES OBJETS

PROVENANT DE LA COLLECTION DE FEU M. DE B...

CÉRAMIQUE

1 — Plateau à bords contournés, Moustiers, décor polychrome, personnages grotesques, animaux et fleurs.

2 — Autre, Moustiers, décor bleu, buste et rinceaux.

3 — Ecuelle couverte, Moustiers, décor vert, oiseaux et fleurs.

4 — Légumier circulaire couvert, Moustiers, décor vert, personnages et fleurs.

5 — Légumier oblong couvert avec plateau, Moustiers, décor vert, personnages et fleurs.

6 à 10 — Douze plats variés, Moustiers, décor vert.

11 — Trois plats, Moustiers, décor orangé.

12 — Deux pièces, Moustiers, décor polychrome : couvercle de légumier et bassin.

13 — Plat creux et circulaire, Lorraine, décor polychrome :
Minerve et Amours.

14 — Six assiettes, Strasbourg, fleurs.

15 — Cinq assiettes, Strasbourg, décor au Chinois.

16 — Cinq pièces : trois assiettes, faïence des Islettes, coqs,
et deux assiettes, Delft, polychrome, palmette et rosace.

17 — Trois pièces, Marseille : deux assiettes, fleurs et Chinois polychromes, et coupe, décor vert.

18 — Deux autres, Rouen, fleurettes.

19 — Douze assiettes, porcelaine de Berlin, fleurs et insectes.

20 — Six pièces, porcelaine du Japon, décor bleu, petits
plats et compotiers.

21 — Assiette, Japon, décor bleu, rouge et or.

22 — Sept pièces, porcelaine de la Compagnie des Indes :
sucrier couvert, petit hanap casque, cinq petits bols avec
soucoupes, décor de médaillons, paysages.

OBJETS VARIÉS, ÉTOFFES

23 — Pendule en marqueterie de cuivre, écaille et étain à
rinceaux et vase. XVIIe siècle.

24 — Garniture de cheminée en bronze en partie patiné

brun : pendule à l'enlèvement d'Europe. et deux girandoles à trois lumières, à figurines d'Amours.

25 — Deux flambeaux en bronze doré du temps de Louis XV, à motifs rocaille.

26 — Harpe, de *Naderman. à Paris*, en bois sculpté, décoré au vernis et doré ; guirlandes, rubans, instruments de musique, fleurettes. Époque Louis XVI.

27 — Histoire naturelle, par Buffon. avec planches. Paris, Imprimerie royale, 31 volumes in-4° reliés. xviiie siècle.

28 — Dictionnaire historique , par Louis Moreri. Paris, chez Jacques Vincent. 1732. 6 volumes reliés.

29 — Deux pièces : robe de chambre et gilet en satin rose, Louis XVI, broché et chenillé à fleurs, avec rayures blanches.

30 — Portière en deux parties, en ancien satin rayé vert, rouge et jaune.

31 — Douze pièces, garnitures de sièges en soie bleu-clair épinglée.

32 — Quatre pièces, garniture de siège en ancien velours de Gênes ciselé à grosses fleurs sur fond de satin blanc.

MEUBLES

33 — Commode du temps de Louis XV à deux tiroirs, en marqueterie de bois de couleur, à fleurs et trophées d'instruments de musique ; pieds cambrés ; garnitures de cuivre ; dessus de marbre.

34 — Lit du temps de Louis XVI, en bois laqué blanc, garni
de damas vert, couvre-lit en damas vert également et
baldaquin avec rideau de bourrette de soie verte.

35 — Tablette de cheminée garnie de bourrette de soie verte.

36 — Secrétaire à abattant, tiroirs et portes, du temps de
Louis XVI, en bois de rose et bois satiné; dessus de
marbre.

37 — Meuble d'encoignure à une porte, à hauteur d'appui, en
marqueterie de bois de couleur à damier. Époque Louis
XVI. Dessus de marbre onyx.

38 — Table tric-trac, du temps de Louis XVI, en marqueterie de bois de couleur ; le dessus forme damier.

39. — Meuble à deux portes et deux tiroirs et sur console à
fond plein en chêne sculpté ; portes et panneaux à décor
de fenestrages gothiques ; serrures et pentures de fer
découpé.

40 — Table en bois à un tiroir, sur pieds tournés reliés par
un croisillon. XVIIe siècle.

41 — Deux fauteuils du temps de Louis XV, en bois sculpté,
à fleurettes avec rehauts d'or; couverts en tapisserie au
point à grosses fleurs.

42 — Autre analogue. Il a été peint noir et capitonné de satin noir.

43 — Fauteuil à dossier élevé, en bois tourné, couvert en
tapisserie au point; sur le dossier, le sacrifice d'Abraham.
XVIIe siècle.

44 — Fauteuil à dossier élevé et contourné, en bois tourné, couvert en tapisserie au point à grosses fleurs, XVIIe siècle.

TABLEAUX

45 — **Boucher** (D'après F.). *Bergers en voyage.*

46 — **Couturier.** *Femme plumant un poulet.*

47 — **Dyck** (Attribué à **Anton Van**). *Portrait de jeune fille, vue en buste.* Fine peinture de forme ovale. Cadre bois sculpté.

48 — **Gilbert.** *Portraits d'un chevalier de Saint-Louis et de sa femme.* Signés et datés 1750. Cadres en bois sculpté. (Deux pendants).

49 — **Guiard** (Mme). *Jeune Femme assise.* Dessin aux trois crayons. Signé et daté 1789.

50 — **Louterbourg.** *Villageois en voyage.*

51 — **Michel Lévy.** *Jeune femme vue de dos.* Esquisse.

52 — **Polack.** *Portrait de jeune Fille.* Pastel.

53 — **Raoux** (Jean) *Jeune fille cueillant une grappe de raisins.* Un amour est caché dans le feuillage. Gracieuse composition.

54 — **Rosalbin.** *Vue du Parc Monceau.*

55 — **Rosalbin**. *L'Avenue des Champs-Élysées.*

56 — **Van Loo** (Attribué à **Carle**). *Portrait d'un gentilhomme.* Vu à mi-corps, debout, tourné vers la gauche, la canne à la main. Habit blanc à revers de velours violet. Beau portrait dans un cadre en bois sculpté.

57 — **Ecole française.** *Paysan faisant boire son cheval.*

58 — **Ecole française.** *Paysan appuyé sur un barrage près d'un cours d'eau.*

59 — **Ecole française.** *Amours jouant avec des colombes.*

60 — **Ecole française.** *Tête de jeune femme.* Toile ovale.

61 — **Ecole française.** *Jeune femme écrivant.*

62 — **Ecole française.** *Portrait de jeune fille, vêtue de blanc, portant un bonnet à ruban bleu.*

63 — **Ecole française.** *Jeune femme pinçant de la mandoline.*

64 — **Ecole française.** *Combat de cavaliers.*

65 — Sous ce numéro, qui sera divisé, plusieurs toiles sans cadres, par Rosalbin et autres.

66 — Gravure à l'eau-forte, par Manet.

67 — Sous ce numéro, qui sera divisé, un lot de gravures et dessins.

APPARTENANT A DIVERS

TABLEAUX ANCIENS ET MODERNES

68 — **Boucher** (Attribué à **F.**). *Le Pont de bois.* Esquisse.

69 — **Bosquier**. *Le Déjeuner maigre.*

70 — **Castiglione (Benedetto)**. *Bergers conduisant des bestiaux.*

71 — **De Dreux (Alfred)**. *Cheval noir à l'écurie.* Étude.

72 — **De France, de Liège**. *La Blanchisseuse et le Savetier.*

73 — **Hubert Robert**. *Un Incendie.* Étude.

74 — **Hulst (F. D.)**. *Port de mer en Hollande.* Des bateaux à voile amarrés sur la gauche ; au second plan, un château avec tourelles et pont-levis. Signé.

75 — **Moucheron (Frédéric)**. *Paysage.* Sur la gauche de grands arbres se détachent sur un ciel clair semé de légers nuages. Sur le devant, une vache et des moutons suivant un chemin contournant un rocher. Vers le fond, des ruines et un château fort sur une montagne escarpée. Très bon tableau signé en toutes lettres, d'un ton blond et d'une conservation parfaite.

76 — **Murillo** (École de). *L'Assomption de la Vierge.*

77 — **Picou**. *Les Cerises.*

78 — **Sain** (Édouard). « *Elle était déchaussée, elle était décoiffée* ». Tiré du Livre d'or, de Victor Hugo.

79 — **Schalken** (Attribué à). *Nymphe et Amour*. Effet de lumière.

80 — **Teniers, le père** (**David**). *La Sorcière*. Elle tient une chauve-souris dont elle brûle les ailes à la flamme d'une bougie. Dans le fond, divers personnages et des animaux.

81 — **Tilborgh** (**Gilles van**). *Le Repos des villageois*. Ils sont assis devant leur demeure occupés à prendre leur repas. Une femme prend dans un panier le déjeûner de son mari, une autre veille sur son enfant caché dans un berceau. Au premier plan, une brouette chargée de légumes; au second plan, une ménagère prenant de l'eau à un puits ; plus loin, des maisons avec les villageois sur leurs portes. Très bon tableau, d'une exécution ferme et d'une parfaite conservation.

82 — **Vallin**. *Les Baigneuses*.

83 — **Vernet** (**Joseph**). *Marine*. Effet de clair de lune. Des pêcheurs retirent leurs filets. Au fond, des bateaux à voile. Sur la droite, un phare s'élève au-dessus d'un rocher.

84 — **Zampieri** dit le **Dominiquin** (D'après). *Une Sibylle*.

85 — **Zurbaran**. *Un Évangéliste*.

86 — **Zurbaran**. *La Vierge apparaissant à un saint Évêque.*

87 — **École espagnole**. *Les Philosophes.*

88 — **École flamande** (xvie siècle). *L'Adoration des Mages.* Triptyque.

89 — **Ecole flamande** (xviie siècle). *La Résurrection du Christ.* Deux sujets sur bois, dans le même cadre.

90 — **Ecole italienne**. *La Vierge et l'Enfant Jésus.*

91 — **Ecole moderne**. *La Nymphe.* Grisaille, dans le genre Corot.

92 — **Ecole moderne**. *Paysage accidenté avec chaumières.* Pastel.

TAPISSERIES

93 — Tapisserie Renaissance : sujet tiré de l'Apocalypse ; nombreux personnages et verdure. — Haut., 2 m. 75 cent.; larg., 2 mètres.

94 — Tapisserie : verdure, kiosques, pièce d'eau et oiseaux avec draperie, carquois et paon sur les côtés ; bordure de deux côtés. xviiie siècle. — Haut., 2 m. 25 cent.; larg., 4 m. 90 cent.

95 — **Deux portières en tapisserie de la même suite que la**

précédente : verdure, kiosques, pièce d'eau, oiseaux ;
bordure d'un côté. — Haut., 2 m. 25 cent.; larg , 1 m.
90 cent.

96 — Deux fragments de bordures des tapisseries précé-
dentes.

97 à 99 — Trois tapisseries, de la même suite, d'Aubusson
du XVIIIe siècle : verdures avec pièces d'eau, kiosques,
oiseaux ; bordures de rinceaux sur fond clair. — Haut.,
2 m. 80 cent.; larg., 3 m. 20 cent. — Haut., 2 m. 90 cent.;
larg., 5 mètres. — Haut., 2 m. 90 cent.; larg., 4 m.;
60 cent.

100 — Feuille d'écran en ancienne tapisserie au petit point :
danses de paysans ; encadrement de rinceaux.

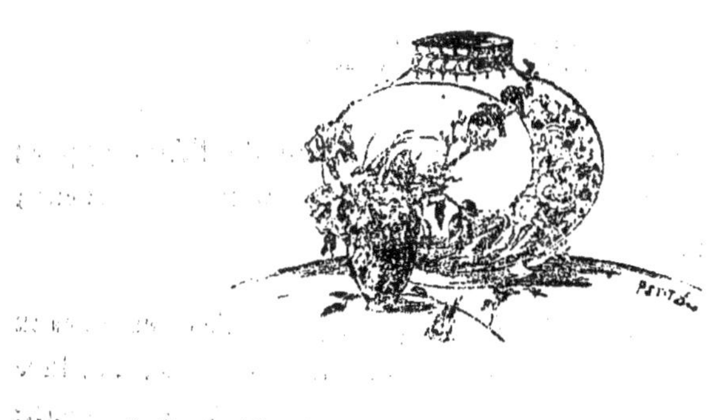